# IL PRESIDENTE PURR-FETTO

# Mike Seirots

# LA VITA PRECEDENTE DI SIGNOR MIAO

Al Signor Miao piaceva condurre una vita semplice. Era solo un gatto normale che viveva pacificamente la sua vita nella capitale degli Stati Uniti d'America. Era stato per molti anni una figura fissa e una delle figure più popolari nel quartiere di Georgetown a Washington DC.

La sua proprietaria, una simpatica signora anziana chiamata Mrs. Jenkins, diceva, scherzando, che se Signor Miao fosse un uomo potrebbe dedicarsi ad attività politiche, grazie alle sue affascinanti fusa e alla sua capacità di fare un pisolino anche al mattino. incontri più controversi.

Tuttavia, qualcosa di inimmaginabile stava per accadere a questo gatto amichevole e calmo. La sua vita tranquilla sarebbe presto cambiata radicalmente.

# IL CANDIDATO IMPROBABILE

In una bella giornata di sole, nella città di Washington, si è tenuta una riunione per scegliere i candidati alle prossime elezioni per la presidenza degli Stati Uniti. Non si sa se per errore o per scherzo qualcuno abbia deciso di inserire il nome di Signor Miao nella lista dei candidati alla presidenza degli Stati Uniti.

Molti hanno pensato che fosse un errore o uno sbaglio, ma quando se ne sono resi conto la lista dei candidati non poteva più essere modificata. Il suo nome finì per essere incluso nella lista presentata agli elettori.

Il nuovo candidato felino iniziò a diventare molto popolare tra un gruppo di studenti universitari. Stanchi dei soliti candidati politici, hanno deciso di creare un sito web elettorale per sostenere questo nuovo tipo di candidato. Con lo slogan "Miao come Presidente", la piattaforma prometteva di consacrare l'introduzione dei "grattini obbligatori sulla pancia" come un nuovo diritto universale per tutti gli americani (umani e animali).

Internet ha adorato questa idea. I meme sull'adorabile faccino di Mister Meow si sono diffusi a macchia d'olio e, in breve tempo, il motto "Miao come Presidente" è diventato un argomento virale sui social media.

Forse questo suona strano, ma quello che accadde dopo fu ancora più incredibile.

# GIORNO DELLE ELEZIONI

Un altro tipico giorno elettorale è arrivato negli Stati Uniti. I cittadini di tutto il Paese si sono riversati nelle cabine elettorali per scegliere il prossimo Presidente degli Stati Uniti

Nel corso del pomeriggio cominciarono ad apparire i primi strani segnali. Alcune società di sondaggi sulle intenzioni di voto hanno iniziato a indicare una forte probabilità che il nome di

Signor Miao compaia accanto ai candidati con più voti.

Inizialmente queste proiezioni dei risultati furono considerate un errore, ma una volta iniziato il processo di conteggio dei voti, i primi numeri cominciarono a puntare in quella direzione.

Era chiaro che stava accadendo qualcosa senza precedenti: il candidato Signor Miao Miau rischiava di vincere le elezioni americane!

# IL RISULTATO UFFICIALE

Alla fine è stato annunciato il risultato ufficiale: Signor Miao è stato eletto nuovo presidente degli Stati Uniti con un margine di vittoria schiacciante. La nazione americana era sotto shock.

Signor Miao, un gatto domestico da pelliccia liscio e dagli occhi luminosi, era il nuovo leader ufficiale degli Stati Uniti d'America

L'impensabile era realmente accaduto. Mister Miao aveva vinto le elezioni, diventando il primo presidente felino degli Stati Uniti.

Mentre si diffondeva la notizia di questo risultato elettorale senza precedenti, le persone di tutto il mondo erano perplesse e incuriosite dal nuovo leader, che poteva comunicare solo attraverso deboli miagolii.

La notizia ha suscitato shock in tutto il mondo e i social media sono stati inondati di battute sul nuovo presidente felino.

Le persone erano stupite, confuse e alcune addirittura indignate. Come potrebbe un gatto, una creatura che trascorreva gran parte della sua giornata dormendo e mangiando, guidare il paese più grande del mondo libero?

Come potrebbe un gatto, senza esperienza politica, diventare il leader del mondo libero?

L'American Electoral College era in subbuglio, con alcuni membri che chiedevano un riconteggio dei voti e altri che insistevano sulla legittimità dei risultati.

Alcuni membri del gabinetto presidenziale hanno addirittura suggerito di indire nuove elezioni, ma i giuristi più rispettati negli Stati Uniti hanno subito escluso questa idea come incostituzionale.

La Costituzione americana non prevedeva alcuna disposizione specifica per affrontare una situazione del genere, che lasciava la nazione americana senza alternative a questa situazione politica senza precedenti. Le più ottimisti ritenevano addirittura che Signor Miao potesse apportare una prospettiva unica alla governance.

# PRENDENDO IL SOPRAVVENTO

Quando il polverone mediatico si è calmato, è arrivato il momento per prestare giuramento come nuovo Presidente degli Stati Uniti.

La cerimonia di inaugurazione è stata un po' diversa dal solito. Il simpatico gatto, appollaiato sulle ginocchia della signora Jenkins, posò la zampa destra sulla Bibbia mentre ascoltava il giuramento. Alla fine, ha iniziato a miagolare forte e forte. La folla è rimasta sorpresa, ma ha subito iniziato a ridere e ad applaudire.

Il Signor Miao, ora ufficialmente il nuovo presidente, si è poi recato nella sua nuova residenza ufficiale, la Casa Bianca.

All'inizio, il passaggio a questa nuova amministrazione è stato un po' difficile da organizzare. Oltre ai membri ufficiali del gabinetto del Presidente, Signor Miao aveva aggiunto alcuni dei suoi migliori amici felini. Tuttavia, questi consiglieri speciali erano più interessati a inseguire i puntatori laser che agli incontri politici.

La cucina della Casa Bianca era rifornita di cibo per gatti e il Rose Garden era stato trasformato in una gigantesca lettiera.

Intanto, nei corridoi della Casa Bianca, Signor Miao amava esplorare tutti gli ambienti con la curiosità tipica di un gatto. I dipendenti hanno cercato di affrontare la sorprendente situazione nel miglior modo possibile, cercando di adattarsi alla presenza del nuovo leader.

# LA NUOVA GOVERNANCE

Appena entrato in carica, il Signor Miao ha iniziato a dimostrare notevoli e inaspettate capacità politiche.

Mentre i giorni di governo si trasformavano in settimane e mesi, l'approccio non ortodosso del signor Miau alla politica cominciò a produrre risultati inaspettati.

La sua mancanza di pregiudizi e faziosità gli ha permesso di riunire legislatori di estremi opposti che non erano in grado di resistere al fascino dell'adorabile leader purr felino.

Sapeva mantenere la calma anche sotto pressione, le sue decisioni erano ponderate e, con sorpresa di tutti, era un ascoltatore eccezionale.

Invece di fare innumerevoli domande, osservò attentamente gli incontri e alla fine, in modo misterioso, riuscì a fare le opzioni che meglio riflettevano gli interessi del popolo americano.

Nonostante la sua mancanza di esperienza politica e l'incapacità di parlare il linguaggio umano, il Signor Miao ha rapidamente conquistato il cuore degli americani con le sue sagge decisioni e il suo forte senso di empatia verso tutti gli esseri.

Con il passare dei giorni, Signor Miao conquista sempre più la fiducia del pubblico. Il suo approccio non convenzionale alla politica era rinfrescante e la sua presenza rassicurava i cittadini.

Gli indici di approvazione del Presidente Miao aumentarono poiché usò il suo carisma naturale per negoziare accordi e approvare leggi a beneficio di tutti gli americani (persone e animali).

Nonostante abbia dovuto affrontare alcune sfide difficili e persino critiche da parte di coloro che dubitavano delle sue capacità, il Signor Miao ha continuato a governare con grazia e compassione.

Ha ascoltato attentamente i suoi consiglieri e ha fatto scelte decisive che hanno dato priorità all'unità del Paese rispetto alla divisione.

# Un'eredità esemplare

Il paese cominciò a prosperare. L'economia crebbe, la pace fu ristabilita in molte regioni del mondo e gli americani cominciarono a sentirsi più felici. Gli Stati Uniti sono entrati in una nuova era di pace e prosperità, con il Signor Miao al timone.

Col passare del tempo, anche i più scettici iniziarono ad apprezzare il suo stile di leadership calmo e il suo incrollabile impegno nel servire i più bisognosi. A poco a poco, le tensioni sorte con la sua elezione furono sostituite dall'accettazione e persino dall'ammirazione per lo stile del nuovo presidente.

La gente cominciò a unirsi attorno al nuovo presidente. Seppero apprezzare l'umorismo della situazione e l'adorabile musetto del gatto divenne una presenza simpatica e frequente su giornali e canali televisivi.

Il mandato del Signor Miao come presidente degli Stati Uniti è stata un'esperienza unica nella storia di questo grande paese.

Con la dignità e l'umiltà tipiche di un vero statista, il Signor Miao ha continuato a svolgere il suo incarico fino alla fine del suo mandato. Dopo aver completato i suoi quattro anni in carica, sapeva di aver lasciato un'eredità molto più grande di quanto chiunque dei suoi elettori avrebbe potuto immaginare.

Un'eredità speciale, costruita sulla comprensione e sul rispetto per tutte le creature, grandi e piccole. Ha contribuito a creare una nazione più felice e divertente.

La nazione americana ricorda ancora con un sorriso il tempo in cui un gatto governava il paese con tanta dignità e grazia.

Per molti americani è stato il miglior presidente degli Stati Uniti di sempre. Con affetto, molti lo chiamano ancora **"Il Presidente Purr-fetto"**.

9 798333 257107